La Decisión Correcta
Elegir una Universidad y Por Qué Importa

por
John J. Jackson, PhD

Copyright

ISBN13: 978-0-9916111-6-4

Jessup University Press, 2019

Todos los derechos reservados. Ninguna parte de este libro puede reproducirse de ninguna forma sin permiso por escrito del editor, excepto en el caso de citas breves incorporadas en artículos o reseñas.

Un registro de catálogo de este libro está

disponible a través de la Biblioteca del Congreso.

Impreso en los Estados Unidos de América

A menos que se indique lo contrario, toda la Escritura tomada de la SANTA BIBLIA, NUEVA VERSIÓN INTERNACIONAL. Copyright 1973, 1978, 1984 Sociedad Bíblica Internacional. Usado con permiso de Zondervan Bible Publishers.

Traducido por Augusto Aniano

Dedicatoria

Ha sido un gran gozo escribir este pequeño libro en nombre de todos los padres y estudiantes que toman la transformadora decisión sobre dónde ir a la universidad. En los últimos años, el costo y el valor de una educación universitaria ha sido cuestionado por muchos en nuestra cultura. Debido a mi profundo y permanente compromiso con las familias, ha sido un tremendo gozo ver y apoyar a las unidades familiares (¡a veces involucrando hasta 15-20 personas!) agonizando al procesar las opciones que presenta la universidad. Este pequeño libro fue escrito en un estilo conversacional, con la esperanza de alentarles y apoyarles en su viaje.

Oré por este manuscrito y cada palabra que escrita en él. Si eres estudiante, quiero que sepas que pensé en tu cocina, tu sala de estar, tu automóvil, la cafetería o o el centro comercial donde hablarás con tu familia y amigos sobre esta decisión. ¡No te rindas! Harás una gran elección. ¡Sí se puede!

Gracias por permitirme ser parte de este viaje. Me gustaría dedicar este libro a mi increíble esposa Pam, mis hijos y sus cónyuges (Derek y Jennifer, Cheyne y Dena, Zach y Rachel, Joshua, Harrison) y mis nietos (Brooklyn, Rylee y Skylar). ¡Me encanta que tengamos nietos y creo que algún día podemos ayudarlos a tomar esta decisión a ellos también!

No estas solo. Hay una gran cantidad de personas que se preocupan profundamente por ti. Puede que uno de ellos te haya comprado este pequeño libro. Espero que este sea un pequeño libro que tenga un gran impacto en tu vida. ¡Comencemos la conversación!

Agradecimientos

Quiero agradecer a la Junta Directiva, al Equipo Ejecutivo, a la Facultad y al Personal, y a los Estudiantes de William Jessup University (www.jessup.edu). En estos últimos años, ha sido un placer ayudar a dar forma y disfrutar el desarrollo de Jessup como una Universidad de primera calidad centrada en Cristo. Toda la familia de Jessup ha sido un equipo de personas llenas de esperanza que han estado dispuestas a invertir mucho para ver a Jessup convertirse en todo lo que Dios quiere que seamos. Quiero agradecer particularmente a Pat Gelsinger, Mike West y Cliff Daugherty, quienes han servido como Presidentes de la Junta durante estos emocionantes últimos años.

También quiero agradecer a los muchos colegas de universidades privadas que han compartido gentilmente su experiencia en este rol conmigo. Cuando me convertí en presidente de la universidad, lo único que sabía con certeza era que no estaba calificado; afortunadamente, me he beneficiado del aporte constante y desinteresado de los colegas que están muy por delante de mí en el trayecto.

Estoy agradecido con mi padre (que está en el cielo con Jesús) y mi madre, mis hermanos y mi hermana y sus increíbles conyuges y familias, y la familia de mi esposa. Es la fortaleza de nuestra familia extendida lo que me da un gran estímulo en la vida.

Finalmente, quiero agradecer a los hombres y mujeres en las diversas iglesias y ministerios que he tenido el privilegio de dirigir y servir durante las últimas cuatro (!) décadas. Muchos pastores y líderes comunitarios también han invertido en mí y colaborado conmigo a lo largo de los años. Siempre me fortalecen los dones y el corazón de las personas que he tenido la suerte de tener como amigos, mentores y socios; ustedes saben quienes son. Gracias.

Lo Que Otros Están Diciendo…

Honesto. Práctico. Inmediatamente útil "La Decisión Correcta" es mi elección para inspirar a mis nietos adolescentes trillizos, que van a la universidad, a pensar más profundamente sobre sus opciones universitarias. ¡La "Matriz de Decisiones" (Sueños, Deseos, Detalles) es brillante!
John Pearson, Consultor de Gobierno y Administración de la Junta, John Pearson Associates, Inc.

Dados sus 40 años de experiencia pastoral, y casi una década de servir como presidente de una unviersidad Cristiana, John Jackson es el tipo de hombre que cualquier estudiante universitario pronto se beneficiaría enormemente de conocer. En su nuevo libro, La Decisión Correcta, John destila su riqueza de experiencia en conocimiento práctico y sabiduría paternal que traerá una gran paz a cualquiera que esté en el proceso de tomar la gran decisión de dónde obtener su educación universitaria. En estas páginas, que se leen como una conversación con un mentor de confianza, John te guiará a través de pasos prácticos para tomar esa decisión, y cualquier decisión de tu vida futura, ¡con confianza, claridad y coraje!
Kris Vallotton, Líder, Iglesia Bethel, Redding, CA, Cofundador de la Escuela Bethel del Ministerio Sobrenatural. Autor de doce libros, incluyendo The Supernatural Ways of Royalty, Heavy Rain and Poverty, Riches and Wealth

John Jackson entiende el liderazgo y comprende la educación superior, entiende a la iglesia y comprende el pulso de la generación en ascenso. Si eres un padre o madre de un estudiante de secundaria que está lidiando con a qué tipo de universidad asistir, o si ERES ese estudiante, tendrás mucho que ganar al agregar La Decisión Correcta a tus lecturas obligatorias.
Barry H. Corey, Presidente de Biola University y autor de Love Kindness: Discover the Power of a Forgotten Christian Virtue

John Jackson es un don (por sus palabras, ideas, enseñanzas y estrategias). Este libro lo ayudará a prepararse a usted o a su hijo para el siguiente nivel de éxito en la vida..
Margaret Feinberg, autora de "Taste and See"

La importancia de la educación universitaria adecuada no puede ser subestimada. Como muchos de nosotros hemos experimentado, elegir una universidad puede ser una opción que cambia la vida y el perspicaz libro de John ciertamente te ayudará a tomar decisiones sabias e informadas cuando se trata de la mejor educación universitaria posible. Su matriz de decisiones es memorable y fácil de seguir, y sus consejos son prácticos y esenciales para aquellos que navegan por los detalles abrumadores de una buena experiencia y resultados universitarios.
Ed Stetzer, Wheaton College

"Este libro está lleno de sabiduría y consejos prácticos para cualquiera que enfrente decisiones difíciles. Estoy agradecido de que el Dr. Jackson haya compartido estas valiosas lecciones de una manera conversacional. Este libro es como hablar con un amigo de confianza".
Brady Boyd, New Life Church, Colorado Springs Autor de "Remarkable"

"Estoy asombrado por la falta de sabiduría disponible para ayudar a los estudiantes a tomar una de las 5 decisiones más importantes de sus vidas. John Jackson ha hecho un gran favor a las generaciones futuras con este libro muy útil escrito por alguien cuya vida entera se dedica a guiar y a equipar estudiantes universitarios ".
Gene Appel, Pastor Direccional. Eastside Christian Church, Anaheim, CA

Vivo con una filosofía que necesito rodearme de consejos sabios. Regularmente busco sabiduría y perspicacia de aquellos que saben más que yo y tienen más experiencia que yo. Muchas veces me siento abrumado y no sé qué hacer. Quiero tomar la decisión correcta, pero no estoy seguro de cuál es. En esos tiempos, busco esas valiosas voces de consejo. Soy padre de tres hijos y decidir a qué universidad asistir es una decisión importante de la vida que hemos tomado y que volveremos a tomar. Ya sea que seas estudiante o padre, esa decisión de vida puede ser abrumadora y confusa. Estoy muy agradecido de que el Dr. John Jackson haya escrito La Decisión Correcta para ayudar a otros a navegar esa temporada con sabiduría y perspicacia. El Dr. Jackson se ha tomado el tiempo de escribir este libro para acompañarte, como un amigo y mentor, con sabiduría y perspicacia, para ayudarte a tomar una decisión que impactará la vida de las personas que más amas.
Banning Liebscher, Fundador de Jesus Culture y Pastor

¿Qué hay de la universidad? El presidente John Jackson le da a cualquier estudiante un marco para decidir si la universidad es una buena opción y, de ser así, qué universidad podría ser la correcta. Lo hace claramente, cortando lo que no es necesario para atender a lo importante. Como líder y emprendedor educativo cristiano, Jackson ve tanto los cambios que ocurren en la educación universitaria como los valores importantes que han perdurado y perdurarán. ¡Este libro es una excelente guía para una gran decisión que debe tomarse en tiempos confusos!
John Mark N Reynolds PhD, Presidente de The Saint Constantine School Senior Fellow in the Humanities, The King's College"

John Jackson ha escrito una herramienta útil para trabajar a través de la miríada de problemas complejos que rodean la elección de un camino y un lugar en la educación superior. Si buscas ayuda para elegir la universidad adecuada para ti (o conoces a alguien que sí), este libro te proporcionará una ayuda invaluable.
Larry Osborne, Pastor & Autor, North Coast Church

"No fui a la universidad. Pero tres de nuestros hijos completaron su educación universitaria, y acabamos de enviar nuestro cuarto a su primer año. Este es un libro que desearía haber tenido en mis manos hace 8 años cuando comenzamos este camino. Muchas familias se beneficiarán de la sabiduría del Dr. Jackson ".
Tim Stevens, Vice President of Consulting, Vanderbloemen

En lo que respecta a nuestro destino ordenado por Dios; las decisiones correctas facilitarán, avanzarán y acelerarán, mientras que las decisiones incorrectas pueden obstruir, obstaculizar e impedir fácilmente. La Decisión Correcta equipa al estudiante comprometido a hacer la voluntad de Dios con las herramientas necesarias, no solo en lo que respecta a la selección de la universidad "correcta" sino también a vivir la vida "correcta". ¡Lectura obligada, debes hacerlo!
Samuel Rodriguez, New Season Lead Pastor, NHCLC President, Autor de "¡Tú eres el próximo!", Productor Ejecutivo de la película "Breakthrough"

"Para cualquier viaje complicado, un mapa es indispensable ... una guía para el camino a seguir que no te dice que solo hay una manera de llegar a tu destino. Para padres e hijos que estén considerando la universidad, este es ese libro. Quisiera que John hubiera escrito esto hace quince años. Llevándonos a la intersección de sueños, deseos y detalles, John luego pasa a considerar las opciones universitarias públicas, privadas y basadas en la fe. Útil más allá de las palabras "
Nancy Ortberg, CEO of Transforming the Bay with Christ

Nunca olvidaré a mi hijo Ben haciendo algo que nunca me habían hecho como pastor de una iglesia: ¡interrumpió mi reunión de staff y me entregó su carta de aceptación a NYU en Manhattan! Ambos nos abrazamos mientras él lloraba de gozo y yo lloraba por ¡cómo! Fue la decisión correcta, la escuela correcta y ha dado enormes dividendos. Este libro aborda los problemas que deben enfrentarse al decidir sobre una universidad. El Dr. Jackson ha escrito un excelente libro que todos los padres y futuros estudiantes universitarios deberían leer.
Bob Roberts, Founder NorthWood Church / Glocal.net

La Decisión Correcta, de John Jackson, es un recurso excelente para proporcionar orientación a los estudiantes, padres y otras personas en la decisión importante relacionada con la elegir una universidad. Basado en sus años de liderazgo en educación superior, Jackson muestra una gran sabiduría y perspicacia para ayudar a sus lectores a analizar las diversas opciones en lo que a menudo es un proceso complejo y desafiante para no pocos. Estoy encantado de recomendar de corazón este excelente libro con la confianza de que será la "elección correcta" para proporcionar orientación a muchos en el camino.
David S. Dockery, Chancellor, Trinity International University/Trinity Evangelical Divinity School

El Dr. John Jackson ha proporcionado una herramienta útil en un empaque manejable. Usa su sabiduría para ayudarte a explorar las opciones para tomar La Decisión Correcta sobre la universidad para ti ".
Dr. Robert E. Logan, Professor Adjunto en el DMin en Fuller Seminary, autor de The Leadership Difference, The Discipleship Difference, y The Church Planting Journey

Proverbios dice que la sabiduría es más valiosa que la plata. Este libro es oro. Como hombre que ayudó a criar a tres jóvenes y que puede enseñar en lugares como USC, UCI, Naval Postgraduate School y Pepperdine, puedo dar fe del poder de estas páginas. Ojalá tuviera este libro cuando me estaba preparando yo mismo y a nuestros hijos.

Alan E Nelson, EdD – Autor de The Five-Star Boss y de The Secret of People

INDICE

La Decisión Correcta
Elegir una Universidad y Por Qué Importa

Introducción

Cap. 1 La Conversación Sigue

Cap. 2   Pero Primero ¿Por Qué Universidad?

Cap. 3 Sueños Son Lo Que Agita El Corazón

Cap. 4 Deseos Son Lo Que Anhelo

Cap. 5 Los Detalles Importan

Cap. 6 El Argumento Para Una Universidad Pública

Cap. 7 El Argumento Para Una Universidad Privada

Cap. 8 El Argumento Para Una Universidad Basada En La Fe

Cap. 9 Desafiándote A Ser Tú

Cap. 10 Toma Tu Decisión…¡Y Apóyate En Ella!

Nota para el lector: A lo largo de este libro, he usado la palabra "universidad" como abreviatura de facultad (college) o universidad. Puede elegir una institución que sea una facultad dentro de una universidad, pero en su mayor parte, estoy hablando de la institución a la que asiste como una universidad sin hacer referencia a las complejidades y las convenciones de nombres del lugar al que finalmente asiste para recibir educación superior.

Introducción

"¡Estoy tan estresado! Cada anuncio de una universidad dice que es la mejor, mis amigos van a diferentes lugares y siento que papá y mamá están tan confundidos como yo. Todos los costos parecen muy caros y tengo miedo de tomar la decisión equivocada y terminar con una gran deuda y sin futuro ni libertad. ¿Cómo se supone que debo saber qué universidad elegir?

Preguntas como estas son parte de las muchas experiencias disruptivas en el viaje de la vida. En mi papel como presidente universitario, pastor y padre, he tenido esta y otras conversaciones similares muchas veces. Cada vez, hay alguien en busca de la mejor respuesta correcta a una pregunta que parece cargada de destino e incertidumbre a la vez.

Me gustaría ayudarte a tomar una buena decisión acerca de a dónde ir a la universidad. Y, creo que te puedo ayudar con un proceso que se puede utilizar para otras decisiones importantes de la vida también. En el camino, mi esperanza es compartir mi experiencia y la de otros cientos de personas que han tomado esa decisión y están satisfechos con sus resultados. Este libro no eliminará el estrés del proceso de toma de decisiones, pero te dará algunos señaladores de carretera y barandas para protegerte en el viaje. Al final, tomarás una buena decisión que tu familia y amigos entenderán y, con suerte, apoyarán.

Comencemos por reconocer algunas cosas sobre elegir una universidad: Primero, es una de las decisiones más importantes de la vida. Creo que la fe y el matrimonio son más importantes, pero la universidad tiene que estar a la altura de esas. En segundo lugar, seamos honestos cuando decimos que es probable que no haya una decisión "correcta", pero lo que realmente estamos haciendo es elegir la opción que parezca mejor para ti y tu familia. Finalmente, debido a que la universidad es muy costosa y el impacto financiero en el futuro ingreso es grande, la decisión parece más crítica que cualquier otra que hayas tomado hasta este momento de tu vida.

También quiero que sepas que no estás solo. Tú, los miembros de la familia involucrados en la conversación, los amigos que están en la misma etapa de la vida y una gran cantidad de personas que han venido antes de ti, todos participan en el drama de elegir una universidad. Puedes aprender, apoyarte y ser desafiado por sus experiencias y conocimientos para ayudarte a tomar tu decisión final. Este libro te dará muchos consejos y herramientas como parte de esa conversación.

Te veo en el viaje. Años más tarde, después de haber tenido una experiencia universitaria maravillosa en la que hiciste 3-5 buenos amigos que te acompañan por el resto de tu vida y tuviste uno o dos profesores que estamparon tu visión del mundo y tus habilidades. Te veo en el futuro cuando te hayas casado con alguien que conociste en la universidad, obtuviste tu primer trabajo basado en una pasantía o cambiaste toda tu trayectoria profesional en función de tu experiencia en la universidad. Te veo en el camino. Estás lleno de paz y gozo porque estás viviendo lo que fuiste diseñado para ser. Elegir una buena universidad puede ser una decición que te cambiará la vida, y este libro te ayudará a tomar esa decisión (¡y muchas otras!) para que seas una persona de paz en el futuro.

Capítulo 1

La Conversación Sigue

Una mujer joven, buscando mi consejo y con sus padres apoyándola, comenzó nuestra conversación diciendo: "Me aceptaron para asistir a la Universidad de Stanford. Pero no estoy segura de si debo ir allí o ir a tu Universidad. ¿Qué debo hacer?"

Como te puedes imaginar, esa fue una pregunta cargada. La respuesta podría afectar su futuro de una manera que nadie puede entender completamente. Esa conversación es el modelo de lo que me gustaría compartir contigo. Me gustaría involucrarte en una discusión narrativa que podrías tener con tus padres mientras miras los folletos (¡todos se ven iguales después de un tiempo!), los sitios web (¡todos se ven iguales también!), y usa los diversos calculadores de costos universitarios que existen (y, por supuesto, también se vuelven confusos después de un tiempo). En el camino, quiero que entiendas algunos de mis sesgos, así que pensé que debería contarte sobre mí.

Al momento de escribir, estoy sirviendo como presidente de una universidad privada basada en la fe. Tengo 5 hijos, 4 de los cuales fueron a escuelas privadas basadas en la fe y uno que fue a una universidad pública importante. He sido pastor durante casi 40 años, así que literalmente miles de estudiantes han venido a través de iglesias que he dirigido y tomado decisiones universitarias con sus familiares. He visto las hojas de papel que explican el "costo neto" para el estudiante y sus familias y he tenido agónicas conversaciones sobre las carreras y la comunidad y el contexto de las personas y los lugares. Sin duda, la travesía de elegir una universidad es un desafío.

Mi sesgo fundamental sobre el proceso de elegir una universidad es que es una decisión de peso, importante, debe hacerse en conjunto con personas que se preocupan por ti (el estudiante) con el aporte de expertos y amigos, y nunca en función de un solo factor. Me gusta pensar en la conversación sobre la elección de la

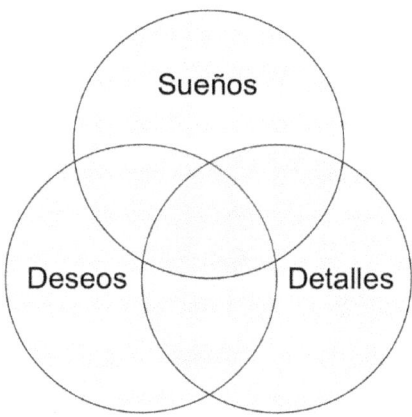

universidad como un diagrama de Venn con círculos que se cruzan basados en sueños, deseos y detalles.

Sueños son lo que tiene que ver con tus esperanzas personales para el futuro. Carrera, vocación, el sentido de misión. Aquí es donde comienzas a pensar en tu vida a los 30 años (¡ay!) e incluso a los 50 (¡dos veces ay!). Si no has hecho ninguna evaluación o inventario de tu carrera, puedes hacer uno en Monster.com para sacar provecho de esa información.[1]

Deseos son aquello con lo que soñaste cuando pensabas en la universidad. Quizás siempre hayas deseado la alternativa urbana a tu educación rural, el entorno universitario lejano para contrastar con tu vida urbana o suburbana. ¿Fuiste a una gran escuela secundaria pública y anhelabas la intimidad de una comunidad universitaria cercana? ¿Anhelabas más variedad, diversidad, una experiencia más amplia y oportunidades de viajar? Es probable que cada uno de estos deseos dé forma a la elección de tu universidad.

Detalles incluyen realidades como costos de matrícula, ayuda financiera y ofertas de becas, costos y opciones de hospedaje, disponibilidad de la carrera elegida y oportunidades de clubes o actividades intramuros. Estos detalles pueden parecer insensibles para leer, pero afectan su costo total y su experiencia más de lo que pueda imaginar.

    La convergencia de tus sueños, deseos y detalles universitarios te darán una matriz de decisiones muy util. Además, el resto de este libro te equipará a tí a tomar esta decisión y a otros al escuchar a Dios, aclarar tu propia mente y recibir comentarios de familiares y amigos de confianza. ¡Esta es una decisión que puede cambiar tu vida y el proceso puede ser emocionante! Comencemos el viaje y exploremos todo lo que podamos juntos.

---

[1] https://www.monster.com/career-advice/article/best-free-career-assessment-tools (disponible en Inglés)

Capítulo 2

Pero Primero ¿Por Qué Universidad?

Antes de continuar, hablemos un poco sobre "por qué la universidad". Sí, es probable que hayas escuchado que los graduados universitarios ganan, en promedio, alrededor de un millón de dólares más que los graduados de secundaria en el transcurso de sus vidas laborales. Pero estadísticas como esa, que parecen tan férreas, son regularmente cuestionadas a medida que la sociedad debate el costo de una educación universitaria y la deuda que a menudo parece acompañar el viaje. Por lo tanto, es posible que te preguntes si realmente necesitas ir por la ruta universitaria de todos modos.

Permíteme ser el primero en sugerir que hay otras vías. Creo que las vías de educación vocacional / técnica brindan una gran cantidad de opciones para crear buenos resultados profesionales y financieros. Muchos estudiantes emergentes Millennials y Gen Z están probando una variedad de alternativas educativas para improvisar un camino de aprendizaje y preparación para la vida. Anya Kamenetz escribió DIY U: Edupunks, Edupreneurs, and the Coming Transformation of Higher Education (Edpunks, Edupreneurs, y la transformación venidera de la educación superior) en 2010 y lanzó una especie de movimiento mientras la Gran Recesión aún se estaba desarrollando. Afirmo estos caminos y otros como posibles opciones que tu y tu familia deberían considerar como parte de tu futuro. Pero la mejor forma en que estoy equipado para servirte en este libro es hablar sobre por qué deseas ir a la universidad, y si decides hacerlo, cómo puedes tomar la mejor decisión posible.

Desde mi perspectiva como padre, pastor y presidente, creo que la universidad se trata de la preparación de habilidades para la vida y no de la adquisición de conocimientos o la incorporación vocacional. Creo que la universidad, en el mejor de los casos, te equipa con las habilidades para saber cómo pensar, cómo valorar y cómo comunicarte con éxito en el amplio arco de tu vida. Muchos estudios nos dicen que las personas que ingresan a la universidad tendrán hasta 6 carreras (¡no trabajos, carreras!) en el transcurso de su vida y que solo el 15% de los trabajos que existirán en el 2030 existen hoy según el Instituto del Futuro.[2] Si ese es el caso, ¿cómo se supone que estes preparado para un mañana incierto sin idea de qué tipos de trabajos existirán dentro de 20 años a partir de la fecha en que leas esto?

Según mi experiencia y estudios, hay 3 cosas en las que me gusta alentar a las personas a que se concentren durante los años universitarios: 1) Profundizar su vida espiritual, 2) Cultivar sus habilidades de aprendizaje y 2) Equiparse para la vocación. Descomprimiré brevemente cada uno de estos en los siguientes párrafos, pero se puede encontrar un estudio más profundo sobre estos temas en la enseñanza y los recursos que publico regularmente en mi sitio web, www.drjohnjackson.com. Además, un colega presidente de una universidad llamado Kent Ingle ha escrito un libro útil

---

[2] https://www.huffingtonpost.ca/2017/07/14/85-of-jobs-that-will-exist-in-2030-haven-t-been-invented-yet-d_a_23030098

llamado "Una Guía Moderna para la Universidad" que tiene algunas buenas herramientas y recursos para después de la universidad.

Los años de la juventud adulta son inequívocamente un momento clave para dar forma y desarrollar tu vida espiritual. A medida que los estudiantes dan el paso de abandonar el paraguas de protección que los padres o la familia les han brindado, la adultez temprana a menudo significa el cuestionamiento más extenso de creencias, valores y normas culturales que se ha producido hasta ese momento. Mientras que las edades de 15 a 17 años pueden caracterizarse típicamente involucrando alguna(s) forma(s) de rebelión contra la autoridad y la estructura de "reglas", las edades de 18 a 24 a menudo se caracterizan por una tenencia más profunda e introspectiva de los sistemas de creencias. En la universidad que dirijo (Jessup University), hemos capacitado a profesionales de Vida Estudiantil que trabajan con nuestro cuerpo académico para desarrollar programas que ayudan a los estudiantes a florecer espiritualmente y cultivar sus convicciones personales. Creo que tu fe debe ser construida, no derribada durante tu experiencia universitaria. Desarrollar una fe que esté profundamente arraigada en las Escrituras y una cosmovisión bíblica te equiparan para discernir la verdad y tomar decisiones sabias basadas en valores de vida y eso es una gran parte del viaje de la universidad y la adultez temprana. En capítulos posteriores, discutiremos cómo el viaje de cultivar tu fe podría verse en diferentes contextos universitarios.

Vivimos en una era altamente técnica y, sin embargo, creo más firmemente que nunca en las artes liberales. Las artes liberales, que típicamente describen un currículo rico en Humanidades, Ciencias y Artes con capacidad de reflexión, pensamiento crítico y comunicación efectiva, han estado disminuyendo en los últimos años en relación con las matrículas y el interés público. Pero pienso en las artes liberales en términos de resultados: estudiar las artes liberales te prepara para pensar, leer, escribir y hablar bien. ¡Personalmente creo que esas habilidades y herramientas nunca pasarán de moda! Además, esas mismas habilidades te equiparán para navegar en el marco de un panorama vocacional en constante cambio. Más importante aún es que esas son herramientas fundamentales que, junto con una sólida cosmovisión bíblica, te ayudarán a trazar el curso en los diversos terrenos de la vida.

Entonces, NO veo ningún conflicto entre tener una educación de artes liberales de calidad y ser excepcionalmente empleable; De hecho, todo lo contrario. Creo que muchos empleadores realmente priorizan las habilidades (pensamiento crítico, resolución de problemas, trabajo en equipo, creatividad) que se cultivan en un estudio de las artes liberales. Aún así, para garantizar que alguien se gradúe de la universidad con la capacidad de tomar su educación y combinarla con la experiencia del "mundo real", la universidad elegida debe estar dispuesta a enfocar su experiencia curricular en la aplicación de la vida real.

Si pudiera adelantartelo por escrito, esto es lo que llamaría el "cordón de tres dobleces" para que seas excepcionalmente empleable:

1) Involúcrate por completo en tus propóstios académicos; comprende progresivamente los estudios generales y tu especialización a lo largo de los 4 años.

2) Involúcrate en una serie de pasantías, experiencias laborales y entornos prácticos del mundo real cada vez más desafiantes y centrados durante tus 4 años.

3) Involúcrate con una comunidad de seguidores de Cristo en las que seas asesorado, alentado, donde rindas cuentas y crezcas, a lo largo del tiempo.

Si haces esas 3 cosas, no solo serás excepcionalmente empleable al graduarte, sino que tendrás múltiples opciones para seguir. Los empleadores buscan personas que puedan pensar y comunicarse bien, colaborar con otros e integrar la cabeza, el corazón y las manos. Sigue ese plan y terminarás allí.

Continuemos nuestro viaje y veamos tus sueños, deseos y los detalles de La Decisión Correcta.

Capítulo 3

Cap. 3 Sueños Son Lo Que Agita El Corazón

"Siempre quise ser alguien. Debería haber sido más específica."(Lily Tomlin)

"El Señor recorre con su mirada toda la tierra, y está listo para ayudar a quienes le son fieles" (II Crónicas 16:9a)

El fundador de Apple Computer, Steve Jobs, una vez le preguntó a John Sculley de Coca-Cola: "¿Quieres pasar el resto de tu vida vendiendo agua azucarada o quieres cambiar el mundo?" Estaba hablando de que las computadoras están cambiando el mundo, y de hecho, lo hicieron. Personas geniales como Jobs, Bill Gates y otros en la revolución informática vieron las necesidades de las personas y crearon sistemas, programas y productos para satisfacer esas necesidades. No esperaban que las personas se ajustaran a su línea de productos escritos en piedra. En cambio, adaptaron constantemente sus productos para satisfacer las necesidades de los usuarios. ¿Hay un sueño en tu corazón?

¡Fuiste hecho para soñar! De hecho, Dios te describe como un "poema" o "obra maestra" en Efesios 2:10. Creo que fuiste hecho para tener algunos sueños "del tamaño de Dios" en tu vida. Tu vida tiene significado y valor, propósito e impacto. Una de las cosas más importantes que el viaje universitario puede hacer en tu vida es ayudarte a crear, dar forma y mantener una visión de cómo eres llamado a cambiar el mundo. De hecho, las personas que descubren su vocación en la vida terminan siendo capaces de aprovechar sus energías y enfocar la trayectoria de sus vida. El llamado genuino es un poderoso antídoto contra el impulso de demostrarnos a nosotros mismos, el vacío del aburrimiento o el desánimo y la carencia de sentido de las actividades superficiales y dispersas.

¿Hay algún sueño que has estado albergando en tu vida? ¿Existe una idea de la que te hayas nutrido desde la primera infancia o tal vez mantuviste escondida de familiares y amigos por temor a que la aplastaran o se rieran de ella? Si es así, la decisión de la universidad es un viaje importante para ti y puede convertirse en el invernadero para ayudar a que tu sueño crezca hasta la madurez. Puede ser que no hayas podido pasar mucho tiempo soñando o pensando en tu futuro. Si es así, esta puede ser una temporada emocionante para ti. Me gustaría recomendar 2 aspectos del viaje del sueño:

1) ¿Quién soy? Esta es la pregunta fundamental del "ser". Responder a esta pregunta de identidad en términos de vida espiritual, relación con Dios y con los demás, es la tarea central de la formación de la identidad. Tener una respuesta saludable a esta pregunta es absolutamente clave para responder la siguiente pregunta de una manera que imparta vida.

2) ¿Por qué estoy aquí? Esta es la pregunta del "propósito". Esta es la pregunta de "por qué (o para qué en Español)". Una vez que sepas quién eres (y "de quién"

eres), puedes comenzar a hacer preguntas muy desafiantes sobre el propósito de tu ser. Por lo general, comienzo a pensar en esto en términos de una serie de preguntas sobre qué desafía mi corazón, qué me hace reír o llorar y qué me toca en el centro de mi ser. Idealmente, tus actividades vocacionales deben estar alineadas con el centro de tu pasión.

Si no has podido realizar una evaluación de carrera, hay muchos buenos recursos disponibles como Career Direct y Christian Career Center.[3]

La verdad es que es probable que tengas varios sueños o llamamientos a lo largo de tu vida. Lo importante es cultivar el hábito de escuchar atentamente a Dios y a tu propio corazón para que puedas entender cuáles son tus pasiones. Me ayudó hace varios años cuando leí el libro The Dream Giver (El Dador De Sueños) de Bruce Wilkinson. En ese libro, Wilkinson sugirió que había un patrón repetido en la vida de los personajes bíblicos que perseguían sus sueños:

-Llegan a darse cuenta de un sueño o llamado personal, entonces deciden buscarlo.
-Enfrentan temor cuando dejan un lugar de comodidad.
-Encuentra la oposición de quienes los rodean.
-Soportan una etapa de dificultad que prueba su fe.
-Aprenden la importancia de rendirse y consagrarse a Dios.

---

[3] https://www.christiancareercenter.com/professional-career-testing-for-christian-high-school-college-students/

-Luchan contra los gigantes que se interponen entre ellos y el cumplimiento de su sueño.

-Logran su total potencial a medida que alcanzan su sueño y traen honra a Dios.[4]

Entonces, ¿cuál es tu sueño? ¿Has podido escribir tu sueño en una sola página? ¿Lo ha escrito o impreso para poder ponerlo en algún lugar donde puedas tenerlo cómo referencia, refinarlo y compartirlo con otros?

Cuando eliges una universidad, tener claridad sobre tus sueños es un activo clave. Si conoces tus sueños, inmediatamente puedes tener un pequeño filtro para tu decisión universitaria. Tus sueños y las fortalezas de tu universidad deberían alinearse. Tu universidad debe tener el área de estudio, los recursos y el personal, y las conexiones corporativas o humanas para ayudarte a perseguir tu pasión. Si no conoces tus sueños con claridad, debes preguntarte si tu potencial universidad tiene la capacidad de ayudarte a descubrirlos. Si una escuela no cree en ayudar a las personas a alcanzar sus sueños, ¡ALEJATE de ella! Por supuesto, la mayoría de las escuelas te dirán que ayudan a las personas a cumplir sus sueños. Una de las razones por las que te animo a que hagas una visita a la universidad con los miembros de tu familia presentes es para que ellos pueden ayudarte a ver y comprender variables y factores que quizás no puedas ver y discernir por ti mismo si estuvieras haciendo una visita solo.

---

[4] Wilkinson, Bruce, *El Dador De Sueños,* Colorado Springs, Multnomah, 1984. (*(p58 en la versión en Español)*

Capítulo 4

Deseos Son Lo Que Anhelo

Los sueños son el verdadero "arco" de tu vida que fluye de las pasiones dentro de tus entrañas. Esos sueños ayudan a guiar la trayectoria de tu vida a medida que persigues tus pasiones y las transforma en el futuro relacional y vocacional que te espera. Los sueños son geniales, pero a menudo pueden parecer distantes y confusos; imágenes de un futuro incierto pero convincente. Compara cómo podrían verse tus sueños con los deseos. Los deseos son tangibles y experienciales. Los deseos giran en torno a cuáles son tus esperanzas que deben traducirse a la realidad actual. Los deseos están lo suficientemente cerca como para que puedas "probarlos", mientras que los sueños suelen estar lo suficientemente lejos como para que solo puedas "sentirlos".

¿Vives en la ciudad y siempre has soñado con explorar el campo? ¿Asistes a una escuela secundaria pequeña y realmente anhelas ver cómo es la vida en un entorno más grande? ¿Siempre has querido jugar un deporte en particular, experimentar una aventura específica o ser parte de un proyecto local o de impacto global? ¿Quizás tienes algunos mejores amigos con los que quieres quedarte después de la escuela secundaria mientras continuas tus estudios? Todos estos criterios se ajustan a la categoría de "deseos". Los deseos pueden ser geográficos, experimentales, relacionales o intencionales. Mientras reflexionas sobre dónde irás a la universidad, piensa profunda y claramente acerca de cada una de estas dimensiones y piensa cómo las universidades en tu lista se comparan con estas cosas. En los párrafos que siguen, haré un breve comentario que podría ayudarte a evaluar las opciones con respecto a los deseos.

Para muchos, el mensaje implícito es que si quieres "crecer" y "madurar completamente", tienes que ir "lejos" a la universidad. Esta afirmación, a menudo respaldada por los medios públicos y las conversaciones privadas, sirve para sugerir a muchos que la única opción "real" de universidad para una persona madura será moverse de un extremo a otro del país.

Entonces, es posible que hayas notado cuántas veces he usado "comillas" arriba. La razón por la que hice eso es porque creo que el "conocimiento común" es francamente incorrecto. De hecho, puede haber una razón para que te muevas por todo el país para seguir tu educación universitaria. Pero, ¿sabías que el 80% de los estudiantes universitarios asisten a la universidad a menos de 200 millas (320 Km) de su hogar? Además, creo que hay beneficios demostrados para asistir a la universidad relativamente cerca de tu familia, amigos y comunidad. Algunos de esos beneficios incluyen la capacidad de mantenerse conectado con los fundamentos espirituales, las relaciones y los entornos vocacionales más probables para tu futuro.

No creo que la universidad tenga que ser una burbuja de 4 años, pero creo que existe el peligro de que suceda si no tienes cuidado. Por lo tanto, apoyo firmemente la idea de que NO elimines una universidad que esté cerca o dentro de unas pocas horas de tu familia, tu iglesia, tus amigos y tu probable futuro hogar. Una vez más, puede haber razones muy apropiadas y explícitas para que selecciones una universidad que esté a cientos o miles de millas de distancia de tu familia (por ejemplo, un programa especializado de preparación), pero simplemente quiero luchar para que no elimines las escuelas que están cerca de casa.

Con respecto a las dimensiones experienciales y relacionales, quiero afirmar tus sueños de lo que encontrarás en la universidad. Si la recreación, los deportes, los clubes, los viajes o cualquier otra dimensión de la vida universitaria ocupan un lugar destacado en tu lista, sé real y auténtico con respecto a esos deseos. Comparte esos deseos con las personas que conoces y amas y haz que te acompañen a través del proceso de selección y asegúrate de ser honesto con respecto a esos deseos. Muchos de tus deseos, esperanzas y sueños para la universidad te reflejan a ti y a tus latidos y deberían incorporarse a tu mapa de búsqueda de universidades. Al mismo tiempo, creo que te sería útil saber si tus deseos fueron creados por las experiencias que has tenido de los medios o si están surgiendo orgánicamente en ti. En mi experiencia, algunas de las mejores cosas que puedes obtener de la universidad serán 3-4 amigos con los que puedas conectarse por el resto de tu vida y 1-2 profesores clave que dejarán huella en cómo piensas y ves el mundo. Si decides asistir a una universidad porque 3-4 de tus grandes amigos van a asistir a la escuela, no creo que eso sea automáticamente una mala razón. No debería ser tu única razón, pero es una razón perfectamente buena para ser considerada junto con todos tus otros sueños, deseos y detalles.

Uno de los deseos más importantes es lo que he descrito como "propósito". Conocer tu propósito tiene que ver con un sentido del llamado. Anhelo eso en mi vida y anhelo que tú también lo tengas. La palabra latina para vocación es "vocare"; significa aproximadamente "llamar, nombrar, invocar". Me gusta pensar en el propósito a través del lente de Efesios 2:10 que nos dice que "Porque somos hechura de Dios, creados en Cristo Jesús para buenas obras, las cuales Dios dispuso de antemano a fin de que las pongamos en práctica. ". La Biblia enseña que cada uno de nosotros está hecho a imagen de Dios y que nuestras vidas tienen significado y valor. Está claro en las Escrituras que el significado y el valor provienen principalmente de nuestra identidad como hijos e hijas de Dios. Pero en segundo lugar, proviene de las partes distintas y hermosas de lo que Dios nos creo para ser. Parte del por qué es probable que estés estresado y sientas la presión de la búsqueda de la universidad es porque esta época de la vida, al menos en nuestra sociedad moderna, se define en gran medida por la búsqueda de respuestas a las preguntas "¿quién soy yo?" y¿" por qué estoy aquí? ".

En el mejor de los casos, la universidad es una temporada en la que puedes buscar la respuesta a esas preguntas en un ambiente seguro y de apoyo y luego perseguir la vocación / llamado que es lo que fluye de tu identidad.

En los siguientes capítulos, discutiremos al menos un par de variaciones sobre los tipos de entornos universitarios y cómo esos podrían ayudarte en el proceso de búsqueda del lugar correcto para cumplir tu propósito.

Por ahora, permíteme sugerirte que la búsqueda de la universidad es más completa y se beneficia si se combina con buenas preguntas y un proceso sobre tus respuestas a las preguntas que planteé anteriormente (¿quién soy y por qué estoy aquí?). Como puedes sospechar, creo que esas preguntas se hacen mejor en comunidad, y no de forma aislada. La familia que te ama, amigos que creen en ti, maestros y líderes respetados que te conocen. Estos son los tremendos compañeros de viaje que pueden brindarte su opinión y reflexión de manera que fortalezca tu propia sensación de descubrimiento. Si bien es cierto que una buena mayoría de los estudiantes que ingresan a la universidad no "lo tienen todo resuelto", si al menos te haces esas preguntas y comienzas a sentir algunas de esas respuestas, tu búsqueda de la universidad será más efectiva.

Cada universidad abordará el tema del propósito desde un paradigma diferente (o visión del mundo). Parte de nuestra conversación posterior será discutir cómo comparar y contrastar tu propia visión del mundo con la de la escuela que elijas. Comprender la cosmovisión predominante de las universidades que estás viendo es una dimensión importante de tu proceso de decisión y te prepararé para esa parte de tu búsqueda en los próximos capítulos. Identificar tu sentido del propósito en la vida y dónde te encuentras en el viaje, comprender la cosmovisión del propósito que tienen las universidades que estás buscando y digerir la alineación o la divergencia entre esos dos es una parte importante para completar con éxito la cuestión de propósito de tus deseos universitarios.

Capítulo 5

Los Detalles Importan

Suspiro. Ugh Realmente, ¿tenemos que hablar de esto? Si fueras mi adolescente (mi esposa y yo hemos criado a 5 hijos durante la adolescencia), es probable que fuera allí donde comenzaría la tentación de revolear los ojos y traer la distante mirada en blanco. Pero, mi querido amigo, este tema de los detalles es extremadamente importante y afectará cómo vives y respiras durante y después de los años universitarios. ¡Así que asegúrate de prestar atención aquí! ¿Qué detalles importan?

Los detalles de la búsqueda universitaria son aparentemente interminables, parte del por qué estás estresado y parte del por qué estoy escribiendo este libro. Cuando pienso en los detalles, pienso fundamentalmente en los costos de matrícula y la ayuda financiera, las opciones residenciales y no residenciales, el transporte, los créditos de transferencia y las principales consideraciones. En este capítulo, desempacaremos cada uno de esos elementos brevemente para poder agregarlos a tu conjunto de herramientas de búsqueda de universidades.

Los costos de matrícula son simplemente lo más fácil en todo el proceso de búsqueda de universidades para cuantificar al hacer comparaciones entre escuelas y tipos de escuelas. La universidad pública A cobra B, la universidad privada C cobra D y la universidad basada en la fe E cobra F. Un cuadro simple debería ser suficiente, ¿no? Antes de que destrulla tu comprensión de la simplicidad del tema, permíteme sugerirte que entender la matrícula es importante ... pero totalmente insuficiente. Cada universidad pública tiene algo de ayuda financiera disponible, y cada universidad privada basada en la fe brinda generosa ayuda financiera. Hasta que recibas una oferta de cada universidad que te muestre tu "costo neto" para asistir (que generalmente le muestra la matrícula y tarifas menos todas las formas de ayuda), no sabrás cuál es el costo familiar real para asistir a esa escuela en particular. En estos días, puede hacer comparaciones generales mediante el uso de sitios populares como College Navigator, pero incluso con esos sitios útiles, cada escuela tendrá que hacerte una oferta específica antes de conocer los verdaderos costos personales de asistencia.

Los costos de asistencia son un detalle muy útil e incluyen las opciones residenciales. Muchas escuelas privadas requieren que los estudiantes de primer año y segundo año (o, alternativamente, todos los estudiantes menores de 21 años) vivan en el campus a menos que cumplan con criterios específicos (por ejemplo, familias que viven en la ciudad). Las escuelas privadas generalmente incluyen esto como parte de un intento de construir la vida comunitaria como una parte esencial de la experiencia universitaria. El proceso de selección de la universidad debe incluir una referencia a la disponibilidad y la conveniencia de las opciones de vivienda no residenciales si eliges eso en algún momento de tu carrera. Algunas universidades privadas basadas en la fe están ubicadas en entornos más remotos donde las opciones de vida no residencial son limitadas y esto puede ser un factor en tu decisión.

Incluso cuando conoces los costos y las opciones de vida, hay otro detalle que es esencial comprender. Ese factor, conocido como tasa de graduación, está fácilmente disponible en sitios públicos (como el sitio College Navigator mencionado anteriormente). La tasa de graduación esencialmente refleja una medida de cuántos "estudiantes de primer año" (first time freshman) se gradúan en 4 a 6 años. Los porcentajes que se muestran siempre serán inferiores al 100%. Como pauta básica, si en una escuela no se gradúa al rededor del 50% de los estudiantes en 4 años y el 60% de los estudiantes en 6 años, vale la pena hacer algunas preguntas al respecto. Algunas universidades públicas se ven afectadas en el tamaño de las clases y algunas universidades privadas y públicas están sirviendo a poblaciones de estudiantes que son de primera generación o que provienen de contextos difíciles. Cualquier cantidad de factores puede afectar esta tasa, pero es una parte importante de la tabla de puntaje para ver y comprender tu lista de opciones universitarias.

Las realidades del transporte también son importantes para que las evalúes como parte de los detalles. Muchas universidades no permiten que los estudiantes de primer año tengan vehículos en el campus (por razones de seguridad, distracción y espacio). Otros campus están cerca de grandes arterias de transporte público y, por lo tanto, desean fomentar el uso y la conexión con el transporte público. Cuando estés considerando las universidades para elegir, considera cuán dependiente eres de tu vehículo (si tienes uno) y cuánto asumes que querrás o necesitarás conducir durante la universidad. Obviamente, el costo de asistencia a la universidad aumentará con la propiedad y operación de un vehículo privado. Además, tu capacidad para navegar en el transporte público (o sí, ¡obtener transporte de sus nuevos amigos que tienen automóviles!), será parte del proceso de aprendizaje universitario dependiendo de tu decisión.

Finalmente, comprender la disponibilidad, la fortaleza y la reputación académica y laboral de las universidades seleccionadas en tus principales campos de estudio será clave en tu búsqueda universitaria. Alrededor del 30-40% de los estudiantes universitarios están "no definidos" cuando asisten por primera vez a la universidad (lo que significa que no tienen una especialización seleccionada) y un buen número de personas cambia su especialidad mientras están en la universidad. Por lo tanto, cuanto más puedas comprender acerca de tu propósito y llamado (del capítulo anterior), mejor equipado estarás para profundizar en los detalles principales. Comprender la universidad a la que puedes asistir y cómo se acercan a su campo de estudio, comprender cómo abordan los créditos de transferencia (si se transfiere de una escuela a otra) y ver cuántas opciones de especialidades (majors) tienen, debe estar en tu lista de criterios a evaluar. También es importante tratar de discernir si la universidad que eliges tiene una buena reputación con la comunidad laboral en el entorno y si tiene rutas específicas para llevarte desde el aula hasta la fuerza laboral. Particularmente desde la Gran Recesión de 2006-2010, la mayoría de las universidades estadounidenses han tratado de fortalecer sus caminos de la universidad a la carrera.

Estos detalles pueden parecer abrumadores. Pero investigarlos cuidadosamente y asegurarse de que te haz hecho y contestado estas preguntas satisfactoriamente fortalecerá la confianza en tu decisión final. Espero no estar extendiendo demasiado el punto, pero creo que tomar estas decisiones por tu cuenta es realmente difícil y potencialmente peligroso. Te recomiendo encarecidamente que invites a otras personas que te conocen y te aman a esta travesía y que obtengas información de ellos y que te ayuden a evaluar las opciones. La elección es tuya, pero necesitas tener buenos consejeros. (Piensa en Proverbios 15:22: "Cuando falta el consejo, fracasan los planes;

cuando abunda el consejo, prosperan.").

Capítulo 6

El Argumento Para Una Universidad Pública

Has pensado mucho en tus sueños y deseos, y sí, incluso has considerado esos detalles confusos que conformarán la parte analítica de tu viaje. Hiciste todo eso antes de quedarte mirando las múltiples tarjetas de correo, folletos, correos electrónicos e interrupciones en las redes sociales que se te presentaron desde que comenzaste tu búsqueda de la universidad. En este punto, confiamos en que tengas un buen sentido de claridad sobre cuáles son tus valores y prioridades. Tienes algunos familiares y amigos que harán este viaje contigo y están preparados para ayudarte al dar su opinión y evaluar información y experiencias contigo.

En este punto, me gustaría aclarar que voy a describir los beneficios y las posibles preocupaciones de asistir a un colegio o universidad de 4 años. Muchos estados tienen colegios comunitarios (a veces llamados "junior") que ofrecen un camino de 2 años a una universidad completa de 4 años. Dependiendo del estado en el que vivas, puedes tener acceso a estos colegios comunitarios a una tasa muy reducida. Algunos asistentes a la universidad comunitaria han tenido experiencias muy positivas, pero otros han sido desafiados con la noción de poder completar el programa de 2 años de manera oportuna debido a la disponibilidad de clases. Finalmente, hay algunas investigaciones que sugieren que los estudiantes universitarios de 2 años tienen una tasa de graduación más baja para títulos de 4 años.[5] Nada de esto me hace ser negativo acerca de asistir a la universidad comunitaria, sino simplemente sugerir una

---

[5] https://www.forbes.com/sites/prestoncooper2/2017/12/19/college-completion-rates-are-still-disappointing/#79585379263a

evaluación clara de estos asuntos antes de una decisión sobre dónde comenzar la experiencia universitaria.

A la luz de todos los datos y todos los trabajos previos que has realizado, ¿por qué podrías considerar una universidad pública de 4 años? Obviamente, cada universidad individual es diferente, pero me puedo imaginar una serie de razones por las que podrías elegir una universidad pública. Creo que las ventajas de la educación superior pública son bastante claras, pero permítanme sugerir que se organicen alrededor de 4 temas probables: costo, reconocimiento de nombres, amplitud de grados y diversidad de estudiantes / experiencias. Exploraremos brevemente cada uno de estos para ayudarte a posicionarte mientras evalúas el potencial de las universidades públicas para estar en tu lista de selección final.

El costo de la educación superior pública es muy variable, depende del estado donde se encuentra la escuela y de si asistes como estudiante residente o fuera del estado. Sin embargo, en términos generales, una matrícula pública en el estado será más barata que una matrícula universitaria privada, incluso después de la ayuda financiera (recuerda nuestra discusión sobre el "costo neto" de la matrícula / cuotas después de la ayuda financiera). Si bien reconozco que cada escuela y cada estudiante es diferente, sospecho que esto es generalmente cierto. Sin embargo, será importante que pienses si debes incluir o no tus costos residenciales si eliges vivir en el campus. Donde yo sirvo (en California), la asistencia a la universidad pública y los costos residenciales a veces pueden ser aproximadamente iguales o solo ligeramente más bajos que los costos de la universidad privada después de la ayuda financiera. Sin embargo, asegúrate de verificar las tasas de graduación ya que la educación pública a veces se ve afectada por la inscripción y eso puede retrasar el tiempo de graduación. En términos generales, considerando todo, vivir en casa y asistir a una universidad pública es la opción de asistencia a la universidad más barata.

Otra razón por la que es posible que desees elegir una universidad pública es la del reconocimiento de nombre. Especialmente si continúas viviendo en el estado donde elegiste tu universidad, es muy probable que la universidad pública sea conocida y tenga un fuerte reconocimiento de nombre para futuros empleadores y en tu círculo social. Aunque es muy raro, las universidades privadas ocasionalmente cesan debido a la insolvencia financiera. Es extremadamente improbable que una universidad pública deje de existir (ya que están respaldados por dólares de impuestos públicos) y, por lo tanto, puedes estar seguro de la continuidad de tu universidad. Mientras la universidad pública de elección tenga una buena reputación, el reconocimiento del nombre puede servirte en los años futuros.

La mayoría de las universidades públicas son bastante grandes y, por lo tanto, tienen una variedad de títulos para elegir. Como discutimos anteriormente, no es raro que un estudiante universitario cambie de carrera, ¡a veces más de una vez! Hay un excelente artículo sobre el tema que vale la pena leer que te dará buena información del meollo del tema en InsideHigherEd.com.[6] La ventaja de una gran institución es la

---

[6] https://www.insidehighered.com/news/2017/12/08/nearly-third-students-change-major-within-three-years-math-majors-most

capacidad de ofrecer múltiples especializaciones, muchas de las cuales se encuentran en campos que pueden ser difíciles de ofrecer para las escuelas privadas. Las escuelas privadas están mucho más sujetas a la presión de las inscripciones que las universidades públicas y, por lo tanto, deben ofrecer especializaciones donde puedan atraer una masa crítica de estudiantes y poder pagar al cuerpo académico y los recursos de apoyo para el campo de estudio. Si eliges una universidad pública, una ventaja que tendrás es la relativa facilidad de cambiar las especialidades a otro campo de estudio.

Una palabra a los sabios: a menudo digo (como presidente de la universidad): "Si vas a tener una crisis en la universidad, tenla en tu segundo año". Lo que quiero decir con eso es que si vas a cambiar de especialidad, es mucho más fácil hacerlo en tu primer año o segundo año y de esa manera no perderás demasiado tiempo para obtener el título (ya que es relativamente fácil cambiar de especialidad en los primeros 2 años donde la mayoría de los cursos son de educación general). Sin embargo, incluso si es tu tercer o cuarto año, sería mejor cambiar la especialidad hacia algo que te apasione y con lo que puedas tener éxito que quedarte con un título que detestes y no tengas inspiración para seguir.

La razón final para una elección de universidad pública se centra en la experiencia y diversidad de los estudiantes. Nuevamente, dado el tamaño de la mayoría de las universidades públicas como grandes, es probable que involucre a una población más diversa. Muchas universidades públicas tienen un fuerte contingente de estudiantes universitarios de primera generación y una gama de estados socioeconómicos representados. Las universidades privadas continúan trabajando en estos asuntos, pero creo que es justo decir que las universidades públicas son, en general, más étnicas y socioeconómicamente diversas que la mayoría de las universidades privadas (nuevamente, se aplican excepciones individuales). Un último factor en una experiencia diversa es que el tamaño de las universidades públicas a menudo significa la capacidad de ofrecer una variedad de clubes y actividades estudiantiles más allá del alcance de la mayoría de las universidades privadas. La mayoría de las universidades privadas son fundamentalmente más limitadas en opciones de experiencia estudiantil que las universidades públicas más grandes.

Sería negligente si no te compartiera esta preocupación sobre la educación universitaria pública. Como sabes, mi doctorado es de una universidad pública (Universidad de California, Santa Bárbara), y honro la experiencia y la merecida reputación académica de las grandes universidades de nuestro tiempo. Sin embargo, estoy profundamente preocupado por el clima espiritual que se encuentra en muchas de las instituciones públicas de educación superior de nuestros días. Mientras escribo a fines de 2018, las universidades públicas de los Estados Unidos son en gran medida antagónicas, hostiles y francamente despectivas hacia las personas de fe y, en particular, desdeñan a las personas de fe que creen en la Biblia en lo que podría llamarse cristianismo histórico ortodoxo. Debido a los endebles fundamentos de muchos estudiantes cristianos de primer ingreso, y a la hostilidad abyecta y la evidente relación de confrontación de muchos en el profesorado, he visto a muchos cristianos naufragar su fe en los primeros días de su experiencia en la universidad pública.

Desde principios de la década de 1980, he abogado por que cualquier persona de fe cristiana que asista a una universidad pública considere fuertemente la necesidad de 3 cosas:

1) Una base bíblica bien desarrollada de cosmovisión bíblica que honre a Cristo. Sugiero considerar muchos programas excelentes, incluyendo la Academia Wheatstone y los recursos del Centro Colson.[7]

2) Una conexión de un día con una iglesia local fuerte y próspera en las inmediaciones de la universidad pública que eligas. Muchas iglesias en ciudades universitarias tienen ministerios de jóvenes adultos particularmente fuertes. Si asistes a una universidad pública, conéctate con una iglesia vibrante para que puedas experimentar el estímulo semanal y la comunidad bíblica.

3) Asegúrate de que la universidad pública que elijas tenga un ministerio universitario vibrante con una organización confiable y sólida como InterVarsity, Cru o Chi Alpha. Será esencial estar con otros estudiantes de la misma fe que están siendo desafiados en las aulas y equipados para defender su fe con sinceridad y amabilidad (mira 1 Pedro 3: 15-16).

Conozco muchos fuertes seguidores de Cristo que asistieron a universidades públicas y crecieron en su fe durante esta temporada. Si eliges asistir a una universidad pública, hazlo teniendo en cuenta todos los factores que discutimos y asegurando tu protección y preparación muy fuertemente como se mencionó anteriormente.

---

[7] http://www.colsoncenter.org

Capítulo 7

El Argumento Para Una Universidad Privada

Si estoy buscando una universidad para asistir, ¿por qué consideraría una universidad privada? En un nivel, la suposición podría ser que los factores son iguales u opuestos a los de una universidad pública. En realidad, una universidad privada (y aquí estamos asumiendo que no es una universidad basada en la fe) tiene algunos distintivos únicos en comparación con las universidades públicas. Mi experiencia sugiere que la universidad privada que podría figurar en tu lista lo haría porque tiene una gran reputación en la materia, tiene una comunidad de campus muy unida y tiene una pequeña proporción de estudiantes y profesores.

Casi todas las universidades privadas establecidas en las colonias antes de la Revolución fueron establecidas por denominaciones cristianas (a excepción de la Universidad de Pensilvania). Sin embargo, muchas universidades privadas que se establecieron religiosamente ahora son claramente no sectarias y no religiosas (hay poco menos de 1,900 universidades privadas en los EE. UU., Y alrededor de 1,000 conservan alguna forma de afiliación religiosa, en mayor o menor grado). Casi todas las universidades privadas que han prosperado sin estar basadas en la fe han establecido algunas áreas curriculares en las que tienen cierto nivel de renombre, al menos lo suficiente como para que los ex alumnos los apoyen financieramente y para que sean consideradas dignas de contribuciones por parte de la comunidad empresarial local. Mientras exploras las universidades privadas, una buena pregunta para hacerte es "¿por qué es académicamente conocida?" Casi siempre, habrá 4-5 áreas curriculares como máximo, ya que las universidades privadas no pueden ofrecer la escala de programas de grado encontrados en sectores públicos. Si tus intereses de estudio están alineados con lo que ofrece la universidad privada, esto puede ser un resultado positivo. Además, si la universidad privada que eliges tiene un área conocida de experiencia curricular, los futuros empleadores pueden valorar más tu título en función de la reputación de la universidad privada a la que asistes.

    Solía ser pastor de iglesias locales y fui consultor de otras iglesias locales. CADA iglesia local que visité alguna vez dijo que era "amigable". Curiosamente, no todos los que visitaron esas iglesias experimentaron eso. Las universidades privadas casi siempre anuncian y promueven el hecho de que tienen una comunidad estudiantil muy unida y que la experiencia estudiantil es su mayor valor. Por lo general, encontrarás estudiantes en universidades privadas con relaciones entre pares más profundas y ricas que la población general de una universidad pública (aunque nuevamente, se aplican excepciones obvias, especialmente a aquellos que participan en el gobierno estudiantil o comunidades sociales muy unidas en un campus público). El nivel de actividades del campus, la profundización de las relaciones con los estudiantes y las experiencias compartidas con los viajes nacionales e internacionales junto con los departamentos académicos más pequeños, todo eso se combina para hacer de la comunidad del campus una parte vital de la experiencia universitaria privada. Las universidades privadas que obtienen buenos resultados en esta dimensión hacen de la experiencia del estudiante en el contexto de sus actividades académicas y de su vida estudiantil un tema central.

    Los profesores que enseñan en una universidad privada tienden a ganar menos que sus homólogos de la universidad pública, a menos que estén en una universidad privada de élite o más grande (piensa en Stanford, USC, Princeton, Duke, etc.). Según mi experiencia, los docentes de las universidades privadas, incluso si han demostrado éxito y experiencia en la investigación, priorizan y valoran altamente sus roles docentes de una manera significativa. Muchos estudiantes que asisten a universidades privadas lo hacen debido a la baja proporción de maestros por alumno y la creencia de que recibirán atención personal de sus profesores. Asistí a una de esas escuelas a fines de la década de 1970 y no era raro estar en una clase con 15-20 personas, y era bastante frecuente estar en una clase con 10 o menos estudiantes (por cierto, no puedes dormir o no estar preparado en esas clases!). Sé que mi vida se vio muy afectada personalmente por las experiencias que tuve como estudiante de 18 a 21 años con los profesores con doctorado en mi vida y preparación académica. El atractivo de las conversaciones personales y académicas con profesionales académicamente talentosos y experimentados es una profunda razón para considerar una universidad privada. La experiencia contrastante de la universidad pública es la de raramente tener contacto en una universidad pública grande con un profesor titular hasta el último año; en algunos entornos, nunca tendrás contacto con nadie más que con asistentes de posgrado.

Hay muchas buenas universidades privadas y tanto mi vida como la de mi familia han sido moldeadas por ellos. Una vez más, sería negligente si al menos no llamara tu atención sobre la realidad de que la visión del mundo de las personas que te impartirán educación superior es de suma importancia en mi opinión. Me preocupa el hecho de que en caso de que persigas una educación superior en entorno universitario privado, que es por su propia naturaleza más personalizado e íntimo que un entorno universitario público, es esencial que esté preparado espiritualmente y protegido en ese viaje al comprometerse con las 3 disciplinas a las que me referí en el capítulo anterior (entrenamiento de cosmovisión, iglesia local próspera, ministerio vital en el campus).

Sí, soy parcial. Pero, te lo dije desde el principio. Entonces, si todavía estás conmigo, probablemente estés dispuesto a escuchar mi caso para una educación universitaria basada en la fe. Mientras lo haces, espero que me escuches ya que mi entramado se ha desarrollado durante más de 40 años en el viaje.

Capítulo 8

El Argumento Para Una Universidad Basada En La Fe

Como ya conoces mi sesgo, probablemente esperes que realmente "vaya al grano" en este capítulo. Y espero que no te decepciones. ¡Planeo hacerlo! Sin embargo, antes de comenzar a compartir por qué creo que deberías considerar una universidad basada en la fe, quiero reproducir un recuerdo vívido de mis propio banco de memoria.

Tenía 17 años, sentado en una clase de primer año, Introducción al Antiguo Testamento. Era mi primer año en la universidad y era un joven estudiante (me había saltado un grado en la escuela primaria). Fui a una universidad que había sido fundada por un grupo de fe y me comunicaron que eran una escuela cristiana. Alrededor de los primeros 20 minutos de la clase, el profesor (que tenía un doctorado de una respetada universidad privada) dijo estas palabras: "Podría haber habido un Abraham". Como era precoz, hijo de un pastor bautista, y sí, tenía mi Biblia conmigo, recuerdo haber disparado mi mano en el aire y decir: "umm, disculpe. Dice aquí, en Génesis 12, que Dios le dijo a Abram que se fuera a una tierra que le mostraría". Su respuesta fue: "Entonces, ¿por qué crees eso? " En ese momento, pensé que estaba involucrado en algún forma de debate a nivel universitario, así que comencé a responder a su pregunta con lo poco que sabía sobre la historicidad bíblica. Después de un par de minutos de mi respuesta ciertamente débil, ella procedió a decirme, a mí y a toda la clase, que Abraham nunca había existido como persona histórica, que Moisés no había escrito los primeros 5 libros del Antiguo Testamento, y que la escritura ni siquiera existía en el tiempo de Moisés. Más tarde, debía leer todas estas mismas afirmaciones del libro escrito por un profesor de la Ivy League que era nuestro libro de texto.

Las afirmaciones del profesor no sacudieron mi fe (¡me hicieron enojar!), Pero sí sacudieron mi comprensión de si realmente estaba en una escuela cristiana. Entonces, me comprometí a estudiar apologética a lo largo de mi carrera universitaria y me convertí en un capaz apologeta de la historicidad y la razonabilidad de la fe cristiana. Por otro lado, las afirmaciones del profesor en mi clase de fines de la década de 1970 eran categóricamente falsas, al menos demostrablemente en la noción de escritura que no existía en la época de Moisés (circa 1400 a. C.). El código de Hammurabi es un código legal complejo, y fue escrito aproximadamente a 1800 a. C. (unos 400 años antes de Moisés). El código de Hammurabi fue descubierto en 1901, unos 70 años antes de que se publicara mi libro de texto universitario. ¿Entonces, cuál es mi punto? Si vas a elegir una escuela basada en la fe, asegúrate de conocer la cosmovisión bíblica y el marco de la fe antes de asistir. Yo no lo hice y terminé con una experiencia universitaria desafiante. Si bien mi experiencia no sacudió mi fe, tenía recursos muy fuertes (familia, amigos e iglesia) que me equiparon para completar mi educación y continuar con mi llamado (y en una nota de buenas noticias, fue lo que me motivó a obtener un doctorado de una universidad pública).

Entonces, quiero que consideres asistir a una universidad basada en la fe donde puedas crecer espiritualmente y descubrir todo lo que Dios te hizo para ser. Quiero que puedas perseguir tus sueños y experimentar una vida espiritual dinámica. Creo que una gran escuela basada en la fe puede hacer eso por ti y en ti. En lo que queda del capítulo, te diré las 3 cosas que nuestra escuela basada en la fe Jessup University intenta proporcionar. Hacemos muchas cosas bien, pero creo que hacemos estas 3 particularmente bien:

1) Te equipamos para prosperar espiritualmente: Cuando hablo sobre ello públicamente, a menudo digo que creemos que la universidad es un momento en que tu fe debe ser construída y no derribada. Creo que cuando asistes a una universidad cristiana basada en la fe, tu educación debe ser inequívocamente centrada en Cristo y Su Palabra y en Su obra en el mundo. Una definición de "aprendizaje" es "cambio". Creo que el cambio espiritual (o transformación) debería ser una parte dinámica del viaje de crecimiento espiritual en la universidad. Tu experiencia de vida estudiantil en una universidad basada en la fe debería apoyar el descubrimiento y crecimiento en tu caminar con Dios. Aquí hay algunos marcadores que personalmente busco:

> ¿Las personas que dirigen tu potencial unviersidad basada en la fe están apasionadamente enamoradas de Jesús?
>
> ¿Está la escuela profundamente comprometida con la Autoridad Bíblica? Jesús es la Palabra encarnada, la Escritura es la Palabra dada por inspiración de Dios para nosotros (ver 2 Timoteo 3:16). Todos los cristianos reconocen que los cristianos que aman a Jesús y creen en la Biblia no están de acuerdo en algunos asuntos de interpretación, pero el núcleo de la fe es incuestionable. ¿Tu potencial escuela cree en la verdad absoluta y la proclama audazmente?

¿Representan la ortodoxia histórica en su visión del mundo, enseñanza y políticas de comportamiento?

¿Está tu universidad comprometida con una relación de unidad basada en Juan 17 con la iglesia local? Todos reconocemos que la iglesia local, compuesta por personas como nosotros, es fundamentalmente defectuosa. ¿Su escuela potencial vive en humildad y gracia unos con otros y están las personas comprometidas con un cuerpo local de creyentes donde pueden amar, crecer, servir y manifestar la vida de Cristo en sus comunidades locales?

2). ¿Te dará la potencial escuela basada en la fe una base sólida en las artes liberales? Soy un firme creyente en las artes liberales. Hace mucho tiempo, llegué a comprender que toda la verdad es Verdad de Dios, que toda belleza es un reflejo (pobre) de la belleza suprema del Creador, y todo arte es un símbolo (pobre) del Artista supremo. Tuve la suerte de aprender a temprana edad que Dios es infinito y nosotros somos finitos. Nuestras concepciones de Dios siempre están necesariamente limitadas por nuestros entendimientos finitos. Al mismo tiempo, aprendí tempranamente que no sufrimos solos en un mundo donde el Creador elije permanecer misterioso e incomprensible. En cambio, vivimos en un mundo en el que el Creador se ha revelado a sí mismo.

Nuestro Creador se ha revelado a si mismo en el mundo creado, en la Palabra escrita de Dios y en Jesús, la Palabra viva de Dios. Esta revelación general, especial y encarnada de Dios significa que Él quiere ser conocido y que ha puesto la Verdad a nuestra disposición. De hecho, Jesús nos dice que lo amemos con todo nuestro "corazón, alma, mente y fuerza" (Mateo 22:37). Esta comprensión de Dios como el que se revela a sí mismo, y como la fuente de toda Verdad, está en el corazón de las artes liberales. No existe una rama del conocimiento que no tenga su origen en Él, ni hay disciplina alguna de estudio sobre la cual Dios no proclame en voz alta "¡MÍO!" (un riff de una línea del teólogo reformado holandés, Abraham Kuyper).

En la escuela que dirijo, hemos articulado nuestros Objetivos de Aprendizaje Universitario específicos para abordar explícitamente estos asuntos; Los comparto aquí no para que vengas a nuestra escuela (¡aunque eso nos encantaría!), Sino para animarte a que busques estos objetivo en cualquier escuela que consideres:

Objetivos de Aprendizaje Universitario de Jessup:
Articular la relevancia de Jesucristo, Sus enseñanzas y una cosmovisión bíblica para sus vidas personales y profesionales.
Comunicarse efectivamente entre culturas.
Demostrar pensamiento crítico, analítico y creativo.
Exhibir competencia en las disciplinas elegidas.
Participar en una búsqueda de conocimiento, formación de carácter y servicio a sus comunidades locales y globales de por vida.

Antes de compartir la tercera cosa en la que creo debes evaluar tu potencial escuela basada en la fe, permíteme compartir lo que creo que es el futuro de la educación superior en Estados Unidos. En 2011, comencé mi viaje como presidente de una universidad basada en la fe. De todos los libros que he leído, el que me ha hablado más concretamente sobre el tema de la innovación es "The Innovative University (La Universidad Innovadora)" de Christensen y Eyring. De ese libro, y de mis otras lecturas, interacciones y reflexiones personales, he llegado a creer que el futuro de la educación superior es la FDA.

Flexible ~ Distribuido ~ Asequible

De vez en cuando, me considero un "reduccionista en serie". Es parte de lo que hago. Intento tomar asuntos complejos y simplificarlos. Y para que no pienses que no estoy al tanto, déjame señalar que sé que algunas cosas son irreductiblemente complejas. Sí, sé que hacer que las cosas parezcan simples a veces perjudica al investigador y al tema. Pero, si me sigues la corriente, creo que todos podemos beneficiarnos al pensar en el futuro de la educación superior y de Jessup en términos de FDA. Déjame explicar lo que quiero decir con cada uno de estos términos.

Flexible. ¿Recuerdas la frase "horario bancario"? Si tienes la edad suficiente para recordar la frase, sabes que es una frase anticuada. Los banqueros de hoy trabajan largas horas y sus servicios en línea son 24/7. El futuro de la educación superior será cada vez más flexible en relación con el CUÁNDO, el QUIÉN, el DÓNDE y el CÓMO. No tengo espacio para describir todas las formas en que esto es cierto, pero es suficiente decir que hay muchas universidades donde se ofrecen cursos a todas horas del día y de la noche, llegando a una variedad vertiginosa de tipos de estudiantes, "aulas" de tipos variados, y a través de todas las modalidades, incluyendo cara a cara, en línea, híbrida, y en lo que ahora se llama "cursos masivos en línea" con decenas de miles de estudiantes. Esta flexibilidad no solo continuará, sino que se acelerará. El futuro de la educación superior es flexible.

Distribuido. Siguiendo de cerca la noción de Flexibilidad, está la idea de Distribución. Veo esto como un cambio fundamental requerido en la mente de la universidad. La educación no es DONDE yo (la instutución universidad) digo que es, es DONDE está el estudiante. En otras palabras, creo que el futuro de la educación superior se distribuirá en las formas y lugares que el alumno elija. Sí, quiero estar cara a cara en un salón de clases en un campus. Y quiero estar en línea a las 2 a.m. Y quiero estar en mi cafetería o lugar de trabajo favorito con mi grupo de aprendizaje. Todo para la misma clase. Mientras que antes, los estudiantes tenían que buscar a los maestros donde estaban, ahora los maestros se encontrarán con los estudiantes donde están y quieren estar y son mediados a través de la tecnología y las conexiones sociales que los estudiantes eligen, no solo las de los maestros. El futuro de la educación superior es Distribuido.

Asequible. El aumento del costo de la matrícula mucho más allá de las tasas de inflación, la falta de tasas razonables de graduación por parte de muchas escuelas y la deuda de préstamos estudiantiles de los graduados universitarios en relación con sus ganancias laborales se han combinado para crear una conversación nacional sobre el valor de un título universitario. Sin darle mis opiniones sobre todas estas cosas (sí,

¡tengo algunas!), Permíteme sugerirte simplemente que un título universitario debe ser "asequible". ¿Qué quiero decir con eso? Lo digo en términos económicos y sociales fundamentales. Un título universitario tiene valor. Prácticamente todos están de acuerdo con eso. La pregunta es, ¿cuánto valor tiene un título universitario? El valor intangible tiene que ver con el carácter, la integración de la fe y el conocimiento, el desarrollo de la madurez, las habilidades de pensamiento crítico, etc. El valor tangible tiene que ver con qué habilidades laborales y empleo resultan de un título universitario. En otras palabras, "asequible" se relaciona tanto con la capacidad económica del comprador como con el valor que el mercado otorga al grado particular y la institución que lo otorga.

Creo que nos dirigimos hacia un futuro en la educación superior donde el aprendizaje y los resultados de empleo se tendrán en cuenta en el precio de una educación universitaria. "Asequible" significa que también veremos precios variables en títulos y escuelas en función de los resultados de aprendizaje y los resultados de ingresos laborales. El mercado castigará más rápidamente, en el futuro, a aquellas escuelas que no tienen el equilibrio correcto entre los beneficios intangibles y tangibles de su educación universitaria. El futuro de la educación superior es Asequible.

Y ahora, la tercera pregunta para su potencial universidad basada en la fe:
3). ¿Te hará tu escuela excepcionalmente empleable? Soy muy consciente de la conversación y el debate sobre la diferencia entre educación y formación. Muchos de

los que me han escuchado hablar sobre ser excepcionalmente empleable han sugerido gentilmente que tal vez "excepcionalmente empleable" no es una buena aspiración para una universidad de artes liberales. Conoces las viejas historias sobre los graduados de artes liberales que tienen que encontrar trabajo en las industrias de comida rápida o comercio minorista porque no son empleables en otros lugares. Conoces el otro lado del argumento, donde la universidad siempre es resistente al cambio y prepara a los estudiantes para un mundo que pasó hace 2 décadas cuando sus profesores se graduaron de la universidad. Tengo opiniones sobre ambos pensamientos. Creo que los dos están equivocados.

Quienes conocen mis antecedentes saben que tengo casi 40 años en algún tipo de ministerio pastoral. La gente regularmente me pregunta: "En la Gran Comisión, ¿qué es más importante: ¿evangelismo o discipulado?" ¡Mi respuesta siempre es SÍ! AMBOS son absolutamente vitales. No puedes tener discipulado sin evangelismo, y el evangelismo sin discipulado viola la exhortación de Juan 16 de dar fruto que perdure. Pienso lo mismo sobre la educación universitaria. La educación universitaria equipa a los estudiantes con la capacidad de pensar, leer, escribir y hablar bien, entre otras disciplinas. También estoy profundamente empeñado a la idea de que las universidades basadas en la fe producen líderes siervo, dedicados al trabajo de transformación. Ese trabajo transformador ocurre en nosotros personalmente, en las organizaciones que lideramos y servimos, y en nuestra cultura.

Entonces, NO veo ningún conflicto entre tener una educación de artes liberales de calidad y ser excepcionalmente empleable; De hecho, todo lo contrario. Muchos empleadores confiarán en los graduados de las escuelas basadas en la fe con fundamento en el carácter demostrado y en la ética laboral. En otoño de 2011, asistí a una reunión informativa de WSCUC (nuestra agencia de acreditación) donde se compartió una investigación de 2010 sobre lo que los empleadores están buscando:

Pensamiento crítico y razonamiento analítico	81%
Solución de problemas complejos	75%
Habilidades de trabajo en equipo en diversos grupos	71%
Creatividad e innovación	70%
Alfabetización informacional	68%
Razonamiento cuantitativo	63%

Estoy convencido de que esas habilidades se enseñan bien en las universidades de artes liberales basadas en la fe que prosperan espiritualmente con una educación de artes liberales de calidad, que te equipara para ser excepcionalmente empleable. Como mínimo, si eres un seguidor de Cristo, mi sincera esperanza es que consideres una escuela basada en la fe en tu búsqueda de la universidad. Pero, sobre todo, quiero que estés en una universidad que sea la decisión correcta para ti ... así que hablemos un poco sobre ti por un momento en el próximo capítulo.

Capítulo 9

Desafiándote A Ser Tú

(Anteriormente publicado en mi libro "Finding Your Place in God's Plan"[8])

A menos que tengas cuidado, alguien te meterá en un molde que no te queda a medida. A menos que tengas cuidado, alguien te hará correr una carrera que no es la tuya. A menos que tengas cuidado, asumirás una tarea que no es la tuya. El hecho es que Dios no te hizo "normal". Eres perfecto para el lugar que Dios ha diseñado especialmente para ti, y te ha dado dones para ocupar con gozo ese lugar.

Déjame contarte una historia sobre una escuela de animales.

Había una vez un grupo de animales decidieron que debían hacer algo heroico para enfrentar los problemas de "un mundo nuevo". Entonces organizaron una escuela.

Habían adoptado un plan de actividades que consistía en correr, escalar, nadar y volar. Para facilitar la administración del plan de estudios, todos los animales tomaron todas las materias.

El pato era excelente en natación. De hecho, era mejor que su instructor, pero solo obtuvo calificaciones aprobatorias en vuelo y fue muy malo en carreras. Como corría lentamente, tuvo que quedarse después de la escuela y también abandonó la natación para practicar las carreras. Esto siguió hasta que sus pies palmeados estaban muy desgastados y solo era "normal" en natación. Pero su promedio era aceptable en la escuela, así que a nadie le preocupaba eso, excepto el pato.

---

[8] Jackson, John, *Finding Your Place in God's Plan (Encontrando Tu Lugar En El Plan De Dios)*, Nashville, Abingdon Press, 2009

El conejo comenzó a correr en la parte superior de la clase, pero tuvo un ataque de nervios debido a tanto trabajo extra para la natación.

La ardilla fue excelente en la escalada hasta que apareció la frustración en la clase de vuelo donde su maestro lo hizo comenzar desde cero en lugar de desde la copa de los árboles. También desarrolló un calambre por esfuerzo extra y luego obtuvo una C en escalada y D en carrera.

El águila era un niño problemático y fue disciplinado severamente. En la clase de escalada, venció a todos los demás hasta la cima del árbol pero insistió en usar su propio camino para llegar allí.

Al final del año, una anguila anormal que podía nadar extremadamente bien, y también correr, trepar y volar un poco tuvo el promedio más alto y fue condecorado.

Los perros de las praderas se quedaron fuera de la escuela y lucharon contra el impuesto porque la administración no agregaba excavaciones y madrigueras al plan de estudios. Enseñaron a sus hijos en un tejón y luego se les unieron las marmotas y topos para comenzar una escuela privada exitosa.[9]

Solo Dios juzga perfectamente. Miramos el mundo a través de ojos imperfectos, a través de nuestras propias perspectivas defectuosas. Juzgamos sobre otras personas en función de nuestros puntos de vista erróneos. Creemos que tenemos suficiente información sobre otros para hacer juicios correctos, pero no la tenemos. Cometemos este error en el mundo y también en la iglesia. En 1 Corintios 4: 1–5, el apóstol Pablo abordó este tema de juzgar el servicio de los demás. El deber de un siervo es

---

[9] Reavis, George H., *The Animal School*, www.surfaquarium.com/presentations/MI.pdf

administrar los asuntos del amo para que los propósitos del amo se realicen. Un siervo debe ser fiel a la confianza del amo. Los creyentes corintios estaban criticando el ministerio de Pablo. Les dijo que su evaluación de él era irrelevante y que incluso su propia evaluación de su desempeño puede ser defectuosa. Lo que importaba era la evaluación de Dios acerca de su servicio. Solo Dios tiene suficiente información para hacer juicios precisos. Pablo escribió:

Que todos nos consideren servidores de Cristo, encargados de administrar los misterios de Dios. Ahora bien, a los que reciben un encargo se les exige que demuestren ser dignos de confianza. Por mi parte, muy poco me preocupa que me juzguen ustedes o cualquier tribunal humano; es más, ni siquiera me juzgo a mí mismo. Porque aunque la conciencia no me remuerde, no por eso quedo absuelto; el que me juzga es el Señor. Por lo tanto, no juzguen nada antes de tiempo; esperen hasta que venga el Señor. Él sacará a la luz lo que está oculto en la oscuridad y pondrá al descubierto las intenciones de cada corazón. Entonces cada uno recibirá de Dios la alabanza que le corresponda.

Pablo dijo que llegará un momento en que estaremos delante de Dios. No será importante lo que otras personas piensen de nosotros, por más importante que pueda parecer en este momento. Ni siquiera será importante lo que pensamos de nosotros mismos. Lo que será importante al final de todos los tiempos es lo que Dios piensa de nosotros. La verdad es que todos somos vasos comunes. Ninguno de nosotros es porcelana fina. Sin embargo, a cada uno de nosotros se nos ha confiado el tesoro celestial de Dios. En 2 Corintios 4: 7, Pablo comentó lo sorprendente que es que Dios ponga tesoros celestiales en vasijas ordinarias (ollas rotas, como tú y yo). Todos tenemos problemas, sin embargo, Dios coloca el tesoro celestial en nosotros de todos modos. Dios examinará nuestros motivos, no nuestra apariencia. Dios ve dentro de nuestros corazones. Él entiende nuestras intenciones. Mientras que hacemos juicios sobre los aspectos externos de las personas, Dios no lo hace. ¿Es la intención de tu corazón servirle y serle fiel?

En 1 Corintios 3: 10–11, Pablo escribió: *"Según la gracia que Dios me ha dado, yo, como maestro constructor, eché los cimientos, y otro construye sobre ellos. Pero cada uno tenga cuidado de cómo construye, porque nadie puede poner un fundamento diferente del que ya está puesto, que es Jesucristo."*

En este pasaje, Pablo esta hablando de establecer la iglesia local en Corinto, donde había establecido el fundamento del evangelio de Jesucristo, el único fundamento verdadero. Otros líderes después de Pablo continuaron la "construcción" espiritual de la iglesia en Corinto. Pablo estaba advirtiendo a la gente que tuviera cuidado de cómo se edifica la iglesia local.

Por aplicación, podemos tomar la advertencia de Pablo y examinar cómo estamos construyendo nuestras propias vidas espirituales. Al igual que los trabajadores de la construcción, estamos construyendo nuestras vidas sobre un cimiento. Solo hay un fundamento que dura para la eternidad, es decir, el cimiento de una relación con Dios a través de Jesucristo. A veces las personas se refieren a esta base duradera como una "muleta". Pero, todos tienen una muleta, ya sea autosuficiencia, éxito financiero, posición social, prestigio o poder. Entonces la pregunta es esta: ¿Sobre qué base estás construyendo tu vida? ¿Sobre un fundamento eterno o temporal?

La advertencia de Pablo continúa: *Si alguien construye sobre este fundamento, ya sea con oro, plata y piedras preciosas, o con madera, heno y paja, su obra se mostrará tal cual es, pues el día del juicio la dejará al descubierto. El fuego la dará a conocer, y pondrá a prueba la calidad del trabajo de cada uno. Si lo que alguien ha construido permanece, recibirá su recompensa, pero, si su obra es consumida por las llamas, él sufrirá pérdida. Será salvo, pero como quien pasa por el fuego..* (1 Corintios 3:12–15)

Este pasaje enseña que es posible construir sobre el fundamento de Cristo usando material, superior o inferior. Podemos servir a Dios de manera superior o inferior. Podemos pasar nuestro tiempo logrando metas eternas o metas temporales. Pablo alentó a los creyentes a construir la iglesia usando materiales duraderos que resistirían la prueba del fuego sagrado del juicio del Señor. En ese día del juicio, nuestras obras inútiles serán consumidas, y sufriremos la pérdida de la recompensa; nuestras obras eternas soportarán el fuego, y seremos recompensados en consecuencia. Dios finalmente expondrá la obra de sus siervos. Ningún siervo sufrirá la pérdida de la salvación ("el creyente sufrirá la pérdida pero será salvo"), solo la pérdida de la recompensa. Entonces, Dios quiere que construyamos sobre el fundamento de Cristo usando materiales superiores (obras piadosas). Dios quiere que usemos fielmente en la iglesia los dones que nos ha dado, para el bien de los demás y para Su gloria. Entonces, un día Dios juzgará nuestro proyecto de construcción, y lo juzgará de manera perfecta.

Hace varios años, ayudé a un amigo, mayor y más sabio, a hacer algunos trabajos de reparación en un techo. Le dije: "Sabes, no soy muy bueno en esto". Él respondió: "Está bien, solo necesito un par de manos extra. Todo lo que tienes que hacer es cargar cosas y hacer lo que te diga que hagas. Será pan comido". Mi amigo tomó una línea de tiza y dijo:" Lleva este extremo de la línea de tiza al otro extremo del techo; luego lo golpearé para marcar una línea perfectamente recta ". Fui al otro lado, pero al principio, no mantuve la línea lo suficientemente apretada. Mi amigo comenzó a frustrarse porque sabía que cada paso del proceso era importante. Una línea inferior daría como resultado un techo inferior. Cuando finalmente tensé el final de la línea, él marcó una línea recta y comenzamos el proyecto de techado.

Nunca entré en el negocio de los techos, pero aprendí una lección crítica ese día. Dios mantiene la línea de tiza de mi vida de una manera segura y sólida. Tiene un proyecto en mente que ha diseñado perfectamente para mí. Estoy en el otro extremo de la línea de tiza, pero podría estar merodeando por ahí, evitando que Él marque una línea perfectamente recta para el proyecto. Debo mantener la línea firmemente y seguir Su línea recta para completar el proyecto de manera que Él lo apruebe.

Quiero que sepas esto: Dios te ama y te cuida diariamente. Él está haciendo un milagro de transformación en tu alma. Entonces, toma tu extremo de la línea de tiza, tira con fuerza y sigue la línea recta y estrecha que Él marca, porque los milagros que vendrán y el fruto al que te llevará deleitarán a tu Padre celestial, a la iglesia que Él estableció, y a tí, Su amado hijo. Cualquiera que sea tu papel en la iglesia y el Reino de Dios, ya sea que seas un codo o un brazo, una muñeca, una mano, dedos, una oreja o un pie, estás perfectamente equipado para el tesoro que Él te ha confiado. Un día estarás ante tu amoroso Padre celestial y todo tu servicio saldrá a la luz. Tu trabajo fiel se hará evidente, y recibirás elogios por tu leal servicio.

Capítulo 10

Toma Tu Decisión...¡Y Apóyate En Ella!

En este punto del viaje, espero que hayas revisado las montañas de materiales, hayas visitado los sitios web y tengas una lista reducida de universidades para elegir. Puede ser 5-10 escuelas, o puede ser 2-3. Te sugiero encarecidamente que no mires más de 10 universidades, ya que probablemente no tomarás una mejor decisión, pero seguramente te confundirás más.

Entonces, ¿qué haces en el proceso de análisis final? Me gustaría sugerir un "orden de operaciones" rápido que te ayudará a aclarar ese proceso de decisión:

1) **Ora.**
2) **Aclara las métricas de tus Sueños / Deseos / Detalles**...y recuerda que esto se trata de tus esperanzas y sueños y la singularidad de tu vida. Desarrolla listas con los aportes de aquellos al rededor tuyo que te conocen, pero no persigas los sueños o deseos de otras personas sobre las que has leído o visto en publicaciones.
3) **Visita** al menos tus 3 mejores escuelas (mi sensación personal es que al visitar más de 5 escuelas se torna confuso).
4) **Date** a ti mismo algo de tiempo.
5) **Aplica** a tus 3-5 mejores universidades.

6) **Recibe Las Aceptaciones y Ofertas de Ayuda** de las escuelas que escogiste.

7) **Ora y Recibe Consejo.**

8) **Toma Tu Decisión.**

¡Celebra!
Apóyate y Regocíjate en Tu Decisión

Las grandes decisiones como la fe (¿en quién confiarás hoy y para toda la eternidad?), la universidad, el matrimonio (¿a quién elegirás como compañero/a en el viaje de esta vida?), la vocación y muchas otras son complejas y multifacéticas. ¡Pero puedes hacerlo! El viaje definitivamente NO será una línea recta. Te prometo de antemano, y aunque hayas pensado en los diversos aspectos de nuestro breve viaje cubierto en este libro, que sucederán cosas que no anticipaste y que no puedes haber predicho. La vida es un viaje y navegar por las incógnitas y los giros inesperados es parte de lo que nos hace completamente humanos y completamente maduros. No existe una fórmula humana para vivir una vida "libre de errores", pero creo que hemos esbozado varios aspectos claves de la toma de decisiones que espero que tomes en serio. Déjame repasarlos aquí:

1) Ora. Creo que el primer paso para tomar buenas decisiones es rendirse. Renunciar a la idea de que eres el gobernante del universo o incluso de tu mundo. Sométe y entrega tu vida a Dios en la persona y obra de Jesucristo. Puedes revisar whoisjesus-really.com para un repaso básico del tema.

2) Discierne. Parte de tomar buenas decisiones es comprender quién eres y qué es lo que valoras. La Biblia dice que "protejas tu corazón, porque es la fuente de la vida" (Proverbios 4:23). Saber quién eres y lo que valoras te ayudará a establecer tu "estrella del norte" en los valores y prioridades personales.

3) Examina. Las buenas decisiones generalmente implican muchos datos y detalles. Abraza esta parte de la toma de decisiones. Comprende la importancia de obtener una variedad de aportes y asegúrate de estar rodeado de personas que te conocen y te aman. Raramente se toman buenas decisiones (¡si es que alguna vez!) solo.

4) Decide. Sí, eventualmente tendrás que "jalar el gatillo" y tomar la decisión. Espero que ores y medites (¡lo harás mucho!). Pero eventualmente tienes que decidir. Cuando decidas, sabe de antemano que sentirás alivio al saber que se ha tomado una decisión, pero también sé consciente de que puedes tener un poco de incertidumbre y te preguntarás si las opciones que eliminaste fueron las mejores opciones. "Nunca mirar atrás" suena bien en el papel, pero la mayoría de nosotros que tomamos decisiones importantes lo hacemos con humildad sabiendo que somos personas imperfectas y que podríamos cometer un error en cualquier decisión. Los errores rara vez son fatales, y si cometes uno, ¡lo superarás!

5) Celebra e Implementa. ¡Te sugiero que te des algo de tiempo para gozarte! Reúnete con amigos y familiares y "marca el calendario" de las decisiones importantes en tu vida. Entonces, comenzará el verdadero trabajo. Implementa tu decisión y los innumerables detalles que la acompañan. La implementación

tampoco será una línea recta, pero recuerda todas las razones por las que elegiste de la forma en que lo hiciste.

¡Disfruta! Mi oración es que la elección de una universidad sea una decisión emocionante y que cambie tu vida en el mejor sentido de esas palabras. Oro para que sientas la presencia de Dios y un gran gozo al tomar esta decisión con aquellos que te conocen, aman y cuidan. Tu vida es un gran viaje, similar a un velero en el mar. Te enfrentarás a vientos en contra y a gloriosas ráfagas de apoyo del viento a favor. En cada temporada, puedes alegrarte al saber que no estás solo, que eres amado y que tienes un futuro fantástico por delante. ¡Decide bien y decide para toda la vida!

Si deseas recursos adicionales del Dr. John Jackson, visita nuestro sitio en www.drjohnjackson.com (disponible en Inglés)

El Dr. Jackson también es el autor de varios títulos adicionales sobre liderazgo y transformación que puedes encontrar en Amazon:

High Impact Church Planting

Pastorpreneur

God-Size Your Church

Leveraging Your Leadership Style

Leveraging Your Communication Style

Finding Your Place in God's Plan

Si desea una cita con el Dr. Jackson para hacer arreglos sobre plátcias o consultar con tu organización, comunícate con él a través de info@drjohnjackson.com (disponible en Inglés).

www.ingramcontent.com/pod-product-compliance
Lightning Source LLC
Chambersburg PA
CBHW070800050426
42452CB00012B/2429